AF534974

Bibliografische Information der Deutschen Nationalbibliothek: Die Deutsche Nationalbibliothek verzeichnet diese Publikation in der Deutschen Nationalbibliografie; detaillierte bibliografische Daten sind im Internet über dnb.dnb.de abrufbar.

Herstellung und Verlag: BoD – Books on Demand, Norderstedt

ISBN 978-3-7578-8347-8

Das Schüler-/Praktikum ist das beste Instrument der Beruflichen Orientierung Jugendlicher!

Informationen zu den Arbeitsbüchern

Das **Praktikumsarbeitsbuch für Schülerinnen und Schüler** ist für zwei Praktikumsphasen ausgelegt. Alle Dokumente sind doppelt aufgeführt, in zwei getrennten Serien, sodass alle Formulare und Arbeitsblätter für je eine Praktikumsphase in zeitlicher Reihenfolge aufgeführt sind. Im Inhaltsverzeichnis sind die jeweiligen Seiten für die beiden Praktikumsphasen aufgelistet (Thema – 1. Praktikumsphase: Seite X 2. Praktikumsphase: Seite Y). Im Anhang der Schülerausfertigung sind der Informationsbrief, Praktikumsvertrag und Vordruck für die Praktikumsbeurteilung, ebenfalls in zweifacher Ausfertigung zum Heraustrennen.

Das Schülerarbeitsbuch „Mein Praktikum" sollte während der Praktikumsphase dem Praktikumsbetrieb vorgelegt werden. So sehen die Verantwortlichen, was in der Schule vor- und nachbereitet wird, auf welchem Stand sich die Jugendlichen befinden und können ggf. deren Know-how beisteuern.

Im **Lehrerhandbuch** finden Sie die Formulare und Arbeitsblätter, leicht abgewandelt, für die Praktikumsphase mit Erläuterungen, Informationen rund ums Praktikum und zusätzliche Materialien für Lehrer/innen.

Inhaltsverzeichnis

Termine und Fristen für die Praktikumsphasen

- ⇨ Beginn der **Berufsfindungsphase** beim ersten Praktikum einer Altersstufe sollte mindestens 6-8 Monate vor dem Praktikum beginnen. Inzwischen verlangen, vor allem größere Betriebe, ausführliche Bewerbungen für ein Praktikum bis zu 6 Monate vor Praktikumsbeginn, was vor allem die Berufliche Orientierung in Klasse 8 (SBBZ, Hauptschule und Werkrealschule) erschweren kann.

- ⇨ Ein Praktikum im ersten Schulhalbjahr der Klassenstufe 8 macht sehr wenig Sinn, da in diesem Fall die Findungsphase bereits in der 7. Klasse stattfinden sollte. In diesem Alter sind die Heranwachsenden mit dem Thema Berufsorientierung oftmals maßlos überfordert.

- ⇨ Erfahrungsgemäß ist die beste Zeit für den Beginn der Beruflichen Orientierung an ...
  - ... **SBBZ, HS und WRS** gleich zu Beginn der 8. Klassenstufe,
  - ... **Realschulen** zu Beginn der Klassenstufe 9 und
  - ... **Gymnasien** zu Beginn der 10. Klassenstufe.

- ⇨ Die Praktikumsphasen könnten in diesem Fall Mitte des zweiten Schulhalbjahres abgehalten werden, zwischen Ostern und Pfingsten.

In den SBBZ, Haupt- und Werkrealschulen sind bis zu vier einwöchigen Praktikumsphasen möglich.

1. Praktikum = Schnupperpraktikum

   Wie das Wort „schnuppern" schon aussagt, sollten die Schüler/innen hier erste Erfahrungen im beruflichen Alltag gesammelt werden.

2. und 3. Praktikum = Orientierungspraktikum

   Das zweite und dritte Praktikum sollte bereits zielorientierter absolviert werden. Spätestens im dritten Praktikum müssen Schüler/innen zumindest einen konkreten Berufswunsch benennen können.

4. Praktikum = Bewerbungspraktikum

   Im Bewerbungspraktikum sollten sich vor allem Schülerinnen und Schüler mit der Aussicht auf ein schlechteres Abschlusszeugnis positiv im Betrieb zeigen und so deren Chancen für einen Ausbildungsplatz erhöhen.

Vor allem unentschlossene Realschüler/innen und Abiturient/innen, sollten dringend ihre Ferien nutzen. Möglich wäre ein weiteres Praktikum am Ende des Schuljahres, nach Absprache mit den Eltern und der Schulleitung.

Schülerferienpraktikum:

- ✓ Schulisches Einverständnis durch den Praktikumsvertrag und
- ✓ Aufsicht der Schule: Absprache und Kontakt zwischen der zuständigen Lehrkraft und dem Betrieb während des Praktikums auch in der Ferienzeit.

Freiwilliges Ferienpraktikum vs. Ferienjob

- ✓ Aufsicht und Verantwortung verbleiben bei den Eltern/Erziehungsberechtigten.
- ✓ Im Ferienjob erhalten die Jugendliche zwar ein Entgelt, sind aber meist als „Hilfsarbeiter/innen" eingestellt und erfahren nicht unbedingt mehr über den angestrebten Ausbildungsberuf.

Infos, Hinweise und Links rund ums Praktikum

⇨ Meine Fachbücher und Videos für die Berufliche Orientierung aus der Schulpraxis
https://www.kreativwerkstattmuehlbauer.de/berufliche-orientierung

⇨ Verlinkungen zu hilfreichen Onlineportalen für die Berufliche Orientierung
(u.a. die nachfolgenden Seiten)
https://www.kreativwerkstattmuehlbauer.de/links-zur-bo

⇨ Alles zum Thema Sicherheit im Betriebspraktikum. Herausgeber: Bundesverband der Unfallkassen
https://docplayer.org/80749-Sicher-durch-das-betriebspraktikum.html

⇨ Sicherheit und Gesundheit im Betriebspraktikum. Publikation der Deutschen Gesetzlichen Unfall-versicherung
https://publikationen.dguv.de/widgets/pdf/download/article/3720

⇨ Beschluss der Kultusministerkonferenz zur Beruflichen Orientierung
https://www.kmk.org/themen/allgemeinbildende-schulen/weitere-unterrichtsinhalte-und-themen/berufliche-orientierung.html

⇨ Schülerpraktikum: Ein Leitfaden für Unternehmen (für die Zusammenarbeit mit den Betrieben)
https://www.dihk.de/resource/blob/7770/3b298d89762c5fe4507370c860dd1f13/leitfaden-schuelerpraktikum-data.pdf

⇨ Informationen für das Schülerbetriebspraktikum des Arbeitskreises Schule-Wirtschaft
https://www.schulewirtschaft.de/schuelerbetriebspraktikum/

⇨ Checklisten für das Schülerbetriebspraktikum des AK Schule-Wirtschaft
https://www.schulewirtschaft-sachsen.de/sws/wp-content/uploads/schuelerbetriebspraktikum.pdf

⇨ Checklisten für ein erfolgreiches Schülerbetriebspraktikum der Bundesagentur für Arbeit
https://www.arbeitsagentur.de/datei/checkliste-schuelerpraktikum_ba027135.pdf

Sinn eines Praktikums ...

Den Jugendlichen muss vor allem der Sinn des Praktikums verdeutlicht werden. Durch das Schülerpraktikum können die Praktikant/innen herausfinden, ob

1.) deren Berufswunsch auch wirklich der Wunschberuf ist,
2.) ein bestimmter Betrieb für eine anstehende Ausbildung der Richtige wäre.

Stellen die Jugendlichen in einem Praktikum fest, dass

a) der Beruf und/oder
b) ein Betrieb doch nicht das Wahre für sie ist,

wäre das zunächst auch eine gute Erkenntnis. In einem weiteren Praktikum, ob schulisch oder in der Freizeit, sollte nun ein anderer Beruf und/oder Betrieb erkundet werden.

Selbstverständlich ist das Schülerpraktikum mit meist nur einer Woche nicht für alle Schüler/innen sehr aussagekräftig. Dennoch ein sehr wichtiger Orientierungspunkt. Dieses Dokument sollte auch in außerschulischen Praktika dem Betrieb vorgelegt werden.

In der Anlage „Sinn eines Praktikums ..." sind Auszüge der rechtlichen Rahmenbedingungen nach dem Jugendarbeitsschutzgesetz, wie Arbeitszeiten, Ruhepausen, Bezahlung, Urlaub, Arbeitsschutz und Versicherungsrechtliche Regelungen für das Schülerpraktikum aufgeführt.

Wichtige Informationen für die Praktikant/innen, Eltern und auch Praktikumsbetriebe, vor allem für Betriebe, welche selten mit Praktikanten oder auch Auszubildenden zu tun haben.

Erarbeiten Sie mit Ihren Schülerinnen und Schülern die rechtlichen Rahmenbedingungen und durchforsten Sie auch einmal das **JArbSchG & Co**:

- https://www.bmbf.de/SharedDocs/Publikationen/de/bmbf/3/29340_Ausbildung_und_Beruf.html

- https://www.bmas.de/DE/Service/Publikationen/Broschueren/a707-klare-sache-jugendarbeitsschutz-und-kinderarbeitsschutzverordnung.html

- https://www.bmfsfj.de/resource/blob/94070/308331c38b8d46d7150987f80d4306c8/jugendschutz-verstaendlich-erklaert-broschuere-data.pdf

- https://wm.baden-wuerttemberg.de/fileadmin/redaktion/m-wm/intern/Publikationen/Arbeit/Flyer_Jugendarbeitsschutz_2021.pdf

Interessant ist hier auch das **Quiz „Rechte und Pflichten in der Ausbildung"** unter:

- https://planet-beruf.de/schuelerinnen/was-kommt-nach-der-schule/ausbildungsvertrag-unterschrieben-und-jetzt/rechte-und-pflichten/quiz-rechte-und-pflichten-in-der-ausbildung

Sinn eines Praktikums ...

Ist es, Schülerinnen und Schüler an die Arbeitswelt heranzuführen. Das über die Wirtschafts- und Arbeitswelt erlernte schulische Wissen wird durch praktische Erfahrungen ergänzt. Die Schüler/innen sollen erste Berührungen mit der Berufswelt in praktischer und sozialer Hinsicht erfahren.

Das Praktikum soll auch dabei helfen, den passenden Beruf zu finden. Ein Ausprobieren in verschiedenen Ausbildungsberufen kann deshalb von großem Vorteil sein.

Rechtliche Rahmenbedingungen

Schülerpraktika sind vor allem an das Jugendarbeitsschutzgesetz (JArbSchG) und das Arbeitszeitgesetz (ArbZG) gebunden. Individuelle Absprachen können aber in einem Praktikantenvertrag vereinbart werden.

Regelung für ...

Arbeitszeiten	
Kinder (bis 14 Jahre): Höchstens sieben Stunden täglich, 35 Stunden wöchentlich)	§ 7 JArbSchG
Jugendliche (15 bis 17 Jahre): Nicht mehr als acht Stunden täglich, nicht mehr als 40 Stunden wöchentlich	§ 8 Abs. 1 JArbSchG
Nachtruhe: 20 bis 6 Uhr; Ausnahmen sind möglich	§14 JArbSchG
Beschäftigungsdauer: Fünf Tage in der Woche	§ 15 JArbSchG
Beschäftigungsverbot: An Samstagen, Sonn- und Feiertagen; branchenbezogene Ausnahmen sind möglich. Werden Praktikanten an solchen Tagen beschäftigt, müssen sie an einem anderen Tag in derselben Woche freigestellt werden	§§ 16, 17, 18 JArbSchG
Volljährige Schülerpraktikanten: JArbSchG gilt nicht, Arbeitszeit darf regelmäßig 8 Stunden am Tag nicht überschreiten.	§ 3 ArbZG

Ruhepausen

Ruhepausen sind nicht in die Arbeitszeit einzuberechnen, müssen im Voraus feststehen und mindestens 15 Minuten betragen.	§ 4 JArbSchG
Dem Praktikanten sind zu gewähren: - 30 Minuten bei einer Arbeitszeit von mehr als viereinhalb bis zu sechs Stunden. - Mindestens 60 Minuten bei einer Arbeitszeit von mehr als sechs Stunden. Die erste Pause muss nach spätestens viereinhalb Stunden Arbeit stattfinden.	§ 11 JArbSchG
Volljährige Praktikanten: - 30 Minuten bei mehr als sechs Stunden Arbeitszeit und - 45 Minuten bei mehr als neun Stunden Arbeitszeit.	§ 4 ArbZG

Bezahlung

Solange das Praktikum zum Zwecke des Kennenlernens eines Berufes und auf Erkenntnisgewinn für den Praktikanten zielt und nicht zur Erbringung von Arbeitsleistung, besteht keine Verpflichtung zur Vergütung.

Urlaub

Der Schülerpraktikant hat mangels Arbeits- oder Ausbildungsverhältnisses keinen Anspruch auf Urlaub.

Arbeitsschutz

Praktikanten dürfen keine Arbeiten verrichten, die sie körperlich oder seelisch zu sehr belasten. Ausnahmen existieren so weit die Arbeit z.B. zur Erreichung des Praktikumsziels erforderlich ist oder der Schutz durch die Aufsicht eines Fachkundigen gewährleistet ist.	§§ 22-24 JArbSchG
Gefahrstoffverordnungen mit speziellen technischen Regeln und einschlägige Unfallverhütungsvorschriften sind zu beachten. Entsprechende Belehrungen des Praktikanten müssen vor Praktikumsbeginn durchgeführt und sollten quittiert werden.	

Versicherungsrechtliche Regelungen

Das klassische Schülerbetriebspraktikum ist eine Schulveranstaltung.

Haftpflichtversicherung:
Schüler/innen sind

a) i.d.R. durch die elterliche Haftpflichtversicherung abgedeckt (abfragen!)
b) schließen eine Haftpflichtversicherung über die Schule ab.

Besteht kein Haftpflichtversicherungsschutz, obliegt es dem Praktikumsbetrieb, ob und wie er dies regelt.

Unfallversicherung:
Unfälle, die während des Praktikums oder auf dem Weg zwischen Praktikumsstelle und Wohnort stattfinden, werden durch die Unfallversicherung der Schule abgedeckt.

Sozialversicherungsbeiträge:
Fallen nicht an.

Außerschulische Praktika (ohne schulische Aufsicht):
Für Unfälle ist die Berufsgenossenschaft des Betriebs zuständig. Sofern kein Arbeitsentgelt geleistet wird, sind auch keine Sozialversicherungsbeiträge zu entrichten. Vermögens- und Sachschäden werden einzelfallabhängig von der Haftpflichtversicherung des Betriebs oder des Praktikanten bzw. der Eltern übernommen.

Das Dokument

Hier möchte ich ein Schülerpraktikum absolvieren

und

Informationen über den Betrieb

soll sicherstellen, dass sich die Schülerinnen und Schüler mit einem Betrieb auseinandersetzen und wenigstens online über den Betrieb und dessen Produkte oder Dienstleistungen informieren.

Die Fragen

⇨ Ist ein Praktikum möglich?
und
⇨ Schriftliche Bewerbung erforderlich?

können nur die Betriebe bei einem ersten Telefonat oder auch persönlich vor Ort beantworten. So nehmen die Schüler/innen Kontakt auf, was bei den Betrieben immer gut ankommt.

Vor allem bei größeren Betrieben / Konzernen kann der erste Kontakt nur telefonisch erfolgen. Auch hierfür müssen die Jugendlichen aktiv werden und zum Hörer greifen. Denn darauf kommt es im Praktikum an, dass sich die zukünftigen Praktikant/innen eigenständig um einen Praktikumsplatz bemühen.

Sollte keine schriftliche Bewerbung für das Praktikum gefordert sein, ist es selbstverständlich wichtig, dass sich betroffene Schüler/innen in der Unterrichtseinheit für das Erstellen des Bewerbungsanschreibens nicht zurücklehnen, sondern für eine zukünftige Ausbildungsplatzbewerbung trainieren.

Hier möchte ich ein Schülerpraktikum absolvieren:

Praktikum vom ____________________ bis ____________________

Beruf	Name des Betriebs
Straße und Hausnummer	Plz Ort
Ansprechpartner/in	Telefonnummer + Durchwahl
Emailadresse	Homepage des Betriebs

Ist ein Praktikum möglich? (ja) (nein) Schriftliche Bewerbung erforderlich? (ja) (nein)

Informationen eingeholt am: ____________________ persönlich: vor Ort ☐ per Internet ☐

Betrieb angerufen am: ____________________ (siehe Formular „Mein Telefonat mit einem Betrieb")

Informationen über den Betrieb

Firmenleiter/in	Ausbildungsleiter/in – Bezugsperson

Hat die Firma einen Haupt- oder Nebensitz, wenn ja, wo

Produktion oder Dienstleistung des Unternehmens

Kundenstamm der Firma

Ausbildungsinhalte:

Weitere Ausbildungsmöglichkeiten in der Firma / dem Betrieb

Mein Anruf bei einem Betrieb

Auch bei einem Telefonat gibt es einiges zu beachten!

„Ein Telefonat ist doch kein Hexenwerk!“ könnte man meinen. Aber auch bei einem Anruf kann einiges schief gehen. Denn telefonieren mit Freunden und Bekannten ist eine ganz andere Sache als ein Anruf in einem Betrieb, bei dem es um etwas geht. Gerade hier sollten doch beim ersten Kontakt Fehler unbedingt vermieden werden.

Nervosität erkennen Personaler auch am Telefon! Aber vor allem, ob die Gesprächspartner vorbereitet sind oder nicht.

Damit bei einem Anruf keine Fragen offenbleiben und so der Start in ein zukünftiges Praktikum gelingt, ist das Dokument eine wichtige Hilfe.

Von Rollenspielen in der Klasse oder Gruppe ist abzuraten, da hier der notwendige Ernst fehlt.

Ein hervorragendes Training des Telefonats ist, bitte nicht lachen, alleine vor dem Spiegel (aus dem Bereich der Vorbereitung auf ein Vorstellungsgespräch). Die ersten Male werden noch von Lachen geprägt sein. Aber auch hier gilt „Übung macht den Meister“.

Erarbeiten Sie mit den Schüler/innen die Vorbereitung des Telefonats: „Vor dem Anruf:“ und Durchführung des Telefongesprächs: „Das Telefonat:“, vor allem den Gebrauch der Umgangssprache:

- ✓ „Guten Tag, mein Name ist ...“
- ✓ „ich würde gerne ...“
- ✓ nachfragen mit dem Wörtchen „Entschuldigung, ...“
- ✓ „ich bedanke mich für das Gespräch ...“
- ✓ höfliche Verabschiedung **auch** bei einer möglichen Absage!

Arbeiten Sie mit Ihrer Klasse auch weitere Fragen an den Betrieb aus. Hier kommen von den Schülerinnen und Schülern sehr oft interessante Fragestellungen heraus.

Mein Anruf bei einem Betrieb

Auch bei einem Telefonat gibt es einiges zu beachten!

Vor dem Anruf:	
Informiere dich gut über den Betrieb, z.B. im Internet (Name der Firma, was macht die Firma genau, Branche der Firma)	○
Schreibe dir Fragen auf, welche du an den Betrieb hast (Bewerbungsbeginn, Bewerbungsschluss, Ansprechpartner in Sachen Bewerbungen und Durchwahl, Form der Bewerbung -online oder schriftlich-)	○
Telefoniere zu Hause in einem ruhigen Zimmer, wo du ungestört bist	○
Lege für Notizen einen Notizblock und Stift bereit	○
Atme ruhig und versuche an etwas Schönes zu denken, das senkt die Nervosität	○

Das Telefonat:	
Melde dich freundlich mit deinem Vor- und Nachnamen „Guten Tag, mein Name ist ...“	○
und teile dem Gesprächspartner dein Anliegen mit „ich würde gerne bei ihnen ein Praktikum absolvieren“	○
Auch wenn man es durch ein Telefon nicht sehen kann, solltest du während des Gesprächs lächeln, denn man hört dem Gesprächspartner an, ob er freundlich oder gelangweilt ist!	○
Notiere wichtiges	○
Frage nach, wenn du etwas nicht verstanden hast „Entschuldigung, darf ich nochmal nach ihrem Namen fragen?“	○
Solltest du den Weg zum Betrieb nicht kennen, frage höflich nach der Wegbeschreibung oder nochmal nach der genauen Adresse	○
Zum Schluss bedankst du dich herzlich für das Gespräch und wünschst deinem Gesprächspartner noch einen schönen Tag „ich bedanke mich für das Gespräch und wünsche ihnen noch einen schönen Tag“ (egal ob das Gespräch positiv oder auch negativ verlaufen ist!)	○

Informationsbrief zum Praktikum für die Praktikumsstelle

Der Informationsbrief enthält ausführliche Informationen über das Praktikum für die Praktikumsbetriebe (gem. Auszug Kultus und Unterricht, vom 05. September 2017, Baden-Württemberg, aber das Bundesland sollte egal sein), sollte zusammen mit der nachfolgenden Rückmeldung der Praktikumsstelle und der Bewerbung der Schüler/innen frühzeitig an die Praktikumsbetriebe versandt oder von den Schülerinnen und Schülern persönlich übergeben werden.

Hier könnten auch der Schulstempel und die Unterschrift der Schulleitung oder verantwortlichen Lehrkraft vermerkt werden.

Arbeiten Sie mit den Vordrucken der Schüler/innen aus deren Arbeitsbüchern, tragen selbstverständlich die Schüler/innen den Praktikumszeitraum ein.

Dieses Formular verbleibt in den Praktikumsbetrieben.

Informationsbrief zum Praktikum für die Praktikumsstelle

Praxiserfahrungen in und mit der Arbeitswelt

(Auszug Kultus und Unterricht, vom 05. September 2017)

Sehr geehrte Damen und Herren,

um Jugendlichen zu ermöglichen, im Übergang in Ausbildung, Studium und Beruf eine qualifizierte und für sie passende Entscheidung treffen zu können, ist es wichtig, dass sie ein breites Spektrum an Berufen kennenlernen und vor allem erste Erfahrungen in der Arbeitswelt sammeln. Zur Förderung der beruflichen Orientierung der Schülerinnen und Schüler und für ihre erfolgreiche Vorbereitung auf das Berufs- und Arbeitsleben sind die Schulen auf die Unterstützung von Kooperationspartnern wie Ihnen angewiesen. Ein wesentlicher Bestandteil der beruflichen Orientierung stellen Praxiserfahrungen in und mit der Arbeitswelt dar. Vor allem Praktika geben den Schülerinnen und Schülern einen realistischen Einblick in die Arbeitswelt und ermöglichen ihnen, die vielfältigen Tätigkeiten und Anforderungen im jeweiligen Berufs- beziehungsweise Studienfeld kennen zu lernen und mit ihren Interessen und Potenzialen zu vergleichen.

Sie erhalten dieses Schreiben im Zusammenhang mit der Bewerbung einer Schülerin oder eines Schülers unserer Schule um eine Praktikumsstelle im Zeitraum

vom _______________ bis _______________.

Wir möchten Ihnen auf diesem Weg wichtige Hinweise für die Durchführung von Praktika im Rahmen der beruflichen Orientierung geben:

- Mit dem Praktikum sollen die Schülerinnen und Schüler einen Einblick in die Arbeitswelt erhalten, der ihnen bei der Wahl eines geeigneten Ausbildungsberufes beziehungsweise Studienfeldes hilft. Es sollte durch das Praktikum ermöglicht werden, die grundlegenden Tätigkeiten, Aufgaben und Anforderungen des entsprechenden Berufs- beziehungsweise Studienfeldes kennenzulernen und durch die praktische Auseinandersetzung und Mitarbeit Erfahrungen zu machen, die ihre berufliche Orientierung unterstützt.
- Es ist sicherzustellen, dass Schülerinnen und Schüler nicht mit gefährlichen Arbeiten im Sinne des § 22 JArbSchG oder sonstigen Tätigkeiten, die mit einer nicht nur unerheblichen Gesundheitsgefahr verbunden sind (beispielsweise Tätigkeiten mit Sturzgefahr aus großer Höhe, mit Verschüttungs- oder Erstickungsgefahren), beschäftigt werden. Soweit erforderlich ist für die einzelne Schülerin beziehungsweise den Schüler eine Belehrung gemäß §§ 35, 43 Infektionsschutzgesetz sicherzustellen.
- Für die Betreuung des Praktikums wird von der Schule eine verantwortliche Lehrkraft benannt, die Kontakt mit Ihnen aufnehmen wird und während des Praktikums von Ihnen und den Schülerinnen und Schülern kontaktiert werden kann. Die Lehrkraft wird die Schülerinnen und Schüler nach Möglichkeit auch vor Ort besuchen. Die Ihnen zur Durchführung des Praktikums übermittelten personenbezogenen Daten der Schülerin bzw. des Schülers dürfen nur zur Erfüllung dieser Aufgabe verarbeitet werden und sind vorbehaltlich gesetzlicher oder vertraglicher Bestimmungen nach der Zweckerfüllung zu löschen oder zu vernichten.
- Das Praktikum ist eine schulische Veranstaltung. Um die Aufsichtspflicht zu gewährleisten, ist von Ihnen eine verantwortliche Person zu benennen (Praktikumsbetreuerin beziehungsweise Praktikumsbetreuer), die die Erfüllung der betrieblichen Aufsichtspflicht im Rahmen des Praktikums gewährleistet. Diese Person nimmt dabei zugleich auch die schulische Aufsichtspflicht wahr, da diese durch die verantwortliche Lehrkraft aufgrund der besonderen Verhältnisse nicht ausgeübt werden kann.
- Schülerinnen und Schüler, die bei Ihnen ein schulisch genehmigtes Praktikum ableisten, stehen unter dem Schutz der gesetzlichen Unfallversicherung. Im Falle eines Gesundheitsschadens übernimmt der Versicherungsträger die Kosten nach Maßgabe der gesetzlichen Bestimmungen.
- Die Erziehungsberechtigten werden vor Beginn des Praktikums von unserer Schule informiert, dass eine Haftpflichtversicherung erforderlich ist, die das Risiko möglicher Haftpflichtschäden während des Praktikums übernimmt.
- Die Schülerin beziehungsweise der Schüler hat Ihnen während des Praktikums Erkrankungen und Versäumnisse umgehend zu melden.
- Wenn Ihre Einrichtung einen Betriebs- und Personalrat, eine Jugend- und Ausbildungsvertretung oder gegebenenfalls eine sonstige Mitarbeitervertretung hat, sollte deren Mitwirkungsmöglichkeiten geprüft werden.
- Eine Vergütung schulisch genehmigter Praktika ist nicht statthaft. Eine Aufwandsentschädigung in geringer Höhe, insbesondere zur Deckung erforderlicher Fahrt- oder Reisekosten, ist zulässig.
- Die Schülerinnen und Schüler erhalten von der Schule die Aufgabe, ihre Erfahrungen im Praktikum in geeigneter Weise zu dokumentieren und auszuwerten.

Für Ihre Unterstützung unserer Schülerinnen und Schüler bei ihrer beruflichen Orientierung und für Ihr Engagement für unsere Schule bedanken wir uns.

Für etwaige Rückfragen steht Ihnen Ihr/e Ansprechpartner/in der Schule gerne zur Verfügung.

Rückmeldung der Praktikumsstelle an die Schule

Die Schüler/innen tragen hier ihre Vor- und Zunamen, sowie den Zeitraum des Praktikums ein.

Wichtig ist der Vermerk: Schüler/in ist haftpflichtversichert durch:

- Ggf. müssen Sie eine schriftliche Umfrage in der Klasse durchführen, ob die Eltern/Erziehungsberechtigten haftpflichtversichert sind (am Elternabend).

- Es kommt auch vor, dass bei einer bestehenden Haftpflichtversicherung die Kinder nicht mitversichert sind (sehr selten).

- Je nach Bundesland regelt die Haftpflichtversicherungsfrage der Schulträger, z.B. mit Schülerzusatzversicherungen o.ä. In manchen Bundesländern gibt es auch eine Praktikumsversicherung durch die Versicherungskammern.

- Sind die Eltern arbeitstätig, sind sie selbstverständlich auch haftpflichtversichert, womit hier also das Wort „**Eltern**“ durch die Schüler/innen einzutragen wäre.

Geben Sie zwingend einen **Termin der Rückgabe** dieses Formulars vor: allerspätestens **zwei Wochen** vor Praktikumsbeginn.

So haben Sie Zeit ...

- bei Schüler/innen zu reagieren, welche ihrer Aufgabe einen Praktikumsbetrieb selbständig zu suchen nicht nachkommen,
- die Schulleitung und ggf. Klassenlehrkraft und Eltern über den Stand der Dinge, aber auch Komplikationen zu informieren und

- eine Übersicht z.B. per Excel zu erstellen (Reihenfolge gem. Rückmeldebogen):

Nr.	Schüler/in	Praktikums-stelle	Straße	Ort	Berufsbezeich-nung	Praktikums-betreuer/in	Telefon mit Durchwahl	Betreuende Lehrkraft	Telefonische Absprache

- ✓ Unter „Betreuende Lehrkraft“ tragen sich die Kolleginnen und Kollegen ein, welche die Praktikant/innen persönlich! im Praktikumsbetrieb besuchen.
  - Bei Praktikumsbetrieben in der näheren Umgebung, empfehle ich, dass eine Lehrkraft, welche in der Klasse unterrichtet, zwei Schüler/innen je gehaltener Unterrichtsstunde gem. Stundenplan betreut.
  - Bei weiter entfernten Praktikumsbetrieben fällt die Betreuung telefonisch aus.
    Wichtig: informieren Sie Ihre Schüler/innen hierüber, da diese den Besuch erwarten und sich darüber (tatsächlich) freuen.
- ✓ Telefonische Absprache = Betriebe wünschen oftmals vorab eine Absprache, zu welchem Zeitpunkt (nicht vor dem dritten Praktikumstag!) der Besuch passend ist, bzw. wenn eine Anmeldung am Unternehmenszugang erforderlich ist.

Praxiserfahrungen in und mit der Arbeitswelt
Rückmeldung der Praktikumsstelle an die Schule

Schülerin, Schüler: ______________________________

Zeitraum des Praktikums: ______________________________

Von der Praktikumsstelle auszufüllen:

Name der Praktikumsstelle (Unternehmen, Behörde, freier Beruf ...): ______________________________

Adresse: ______________________________

____

Bezeichnung des Berufs- und Studienfeldes für das der Praktikumsplatz gestellt wird: ______________________________

____

Praktikumsbetreuerin, Praktikumsbetreuer: ______________________________

Telefon mit Durchwahl: ______________________________

Fax: ______________________________

E-Mail: ______________________________

Voraussichtliche Arbeitszeit: von: ______________ bis: ______________

Besondere Arbeitskleidung erforderlich: ☐ Nein ☐ Ja, ______________________

Schüler/in ist haftpflichtversichert durch: ______________________________

Für einen Besuch durch die verantwortliche Lehrkraft wird folgender Termin vorgeschlagen: ______________________

oder um telefonische Absprache gebeten ☐ (In der Ferienzeit vor und nach dem Praktikum).

Während der Schulferien übernimmt der Praktikumsbetrieb die schulischen Aufsichtspflichten.

____
Datum, Unterschrift, Stempel der Praktikumsstelle

Dieses Schreiben ist von der Schülerin oder dem Schüler bis zum ______________ (von der Schule auszufüllen) ausgefüllt bei der verantwortlichen Lehrkraft abzugeben.

Beurteilung Schülerpraktikum

Dieses Formular sollte spätestens am ersten Tag des Praxistages bei einem Verantwortlichen im Unternehmen abgegeben werden. Inzwischen haben vor allem größere Betriebe ihre eigenen Vordrucke, was kein Problem darstellt.

Die Beurteilung Schülerpraktikum kann auch bei späteren Bewerbungen angehängt werden. In diesem Fall empfehlen sich eher die Vordrucke der Firmen.

Vorab können die Schüler/innen auch hier unter Pratkikant/in ihren Vor- und Zunamen eintragen.

Zu empfehlen ist die Rücksendung der Beurteilungen durch die Praktikumsstellen per Post, Fax oder E-Mail, damit Sie vor den Schüler/innen Einblick erhalten und im schlimmsten Fall die Schüler/innen nicht noch zusätzliche „Bemerkungen" vermerken oder negative Beurteilungen auf seltsame Art und Weise nicht mehr auffindbar sind.

Der zweite **Beurteilungsbogen für Praktikumsphasen** könnte anstatt der „Beurteilung Schülerpraktikum" genutzt werden. Auf Grund der Übereinstimmung zum Bogen „Selbstbeurteilung für Praktikumsphasen" könnte dieser für einen nachfolgenden Vergleich geeigneter sein. Der „Beurteilungsbogen Schülerpraktikum" ist übersichtlicher und für Betriebe evtl. ansprechender.

Beurteilung Schülerpraktikum

Praktikant/in: ______________________________

Firma: ______________________________

Ansprechpartner: ______________________________

Adresse: ______________________________

____

Telefon.: ______________________________

Firmenstempel

Bitte ankreuzen:	2	1	0	-1	-2
Anstelligkeit (wie stellt sich der Praktikant an)					
Arbeitsqualität					
Arbeitstempo					
Benehmen					
Lernbereitschaft					
Selbständigkeit					
Zuverlässigkeit					

Bitte entsprechend unterstreichen / markieren:

Allgemeine Wesensart	Praktische Begabung	Arbeitsweise	Soziales Verhalten
Vitalität		**Gründlichkeit / Sorgfalt**	
• lebhaft	• guter Überblick	• gewissenhaft	• hilfsbereit
• frisch	• einsichtig	• planvoll	• entgegenkommend
• eifrig	• findig	• planlos	• umgänglich
• ruhig	• schöpferisch	• zuverlässig	• egoistisch
• schwunglos	• anstellig	• sorgfältig	• unverträglich
• matt	• geschickt	• gründlich	• verschlossen
• beständig	• umständlich	• etwas oberflächlich	
• bedächtig	• ungeschickt	• unbeständig	
	• unbeholfen	• manchmal flüchtig	
	• vorbildgebunden		
Aufmerksamkeit		**Sauberkeit / Ordnung**	
• konzentriert		• ordentlich	
• leicht auffassend		• sauber	
• aufgeschlossen			
• wach		**Arbeitstempo / Ausdauer**	
• zerstreut		• flink	
• langsam		• sprunghaft	
• schwerfällig		• umständlich	
		• zäh	
		• gleichbleibend	
		• ruhig	
		• beharrlich	

Besondere Bemerkungen:

____

____

____

____

____

____

Datum

Unterschrift der Betriebs-/Ausbildungsleitung

Beurteilungsbogen für Praktikumsphasen

________________ Schüler (Vor- und Zuname)	________________ Praktikumsberuf
________________ Zeitraum des Praktikums	Stempel und Unterschrift der Praktikumsstelle

Sozialkompetenz	1	2	3	4	5
Kommunikationsfähigkeit (Kontakt situationsangemessen aufnehmen und aufrecht halten)	☐	☐	☐	☐	☐
Kritikfähigkeit (konstruktiv Kritik annehmen)	☐	☐	☐	☐	☐
Teamfähigkeit (mit anderen gemeinsam arbeiten)	☐	☐	☐	☐	☐

Methodenkompetenz	1	2	3	4	5
Planungsfähigkeit (Vorgaben berücksichtigen, zeitlich und inhaltlich strukturiert arbeiten)	☐	☐	☐	☐	☐
Problemlösefähigkeit (Probleme erkennen und situationsgerecht lösen)	☐	☐	☐	☐	☐
Präsentationsfähigkeit (anderen Infos verständlich und anschaulich vermitteln)	☐	☐	☐	☐	☐
Informationstechn. Fähigkeit (PC zur Infobeschaffung und gängige Computeranwendungen einsetzen)	☐	☐	☐	☐	☐

Personale Kompetenz	1	2	3	4	5
Durchhaltevermögen (ausdauernd auf ein Ziel hinarbeiten, auch bei Schwierigkeiten)	☐	☐	☐	☐	☐
Selbständigkeit (ohne fremde Hilfe eigeninitiativ handeln)	☐	☐	☐	☐	☐
Ordentlichkeit (Arbeitsmaterial und Werkzeuge sorgsam und gewissenhaft einsetzen, Ordnung am Arbeitsplatz)	☐	☐	☐	☐	☐
Konzentrationsfähigkeit (ohne Ablenkung, konzentriert an einer Aufgabe arbeiten)	☐	☐	☐	☐	☐

Berufsspezifische Kompetenz	1	2	3	4	5
Feinmotorische Fähigkeit (Arbeitsmaterial und Werkzeug mit angemessener Kraft und Bewegung einsetzen)	☐	☐	☐	☐	☐
Räuml. Vorstellungsvermögen (räumlich sehen und denken)	☐	☐	☐	☐	☐
Arbeitsgenauigkeit (Arbeiten möglichst exakt verrichten)	☐	☐	☐	☐	☐
Arbeitstempo (Arbeit möglichst schnell verrichten)	☐	☐	☐	☐	☐

Kulturtechnische Kompetenz	1	2	3	4	5
Umgang mit Schriftsprache (Texte lesen und verstehen, schriftlich verständlich ausdrücken)	☐	☐	☐	☐	☐
Umgang mit Rechenoperationen (mathematische Kenntnisse anwenden, passende Lösungen entwickeln)	☐	☐	☐	☐	☐

Weitere Merkmale	1	2	3	4	5
Pünktlichkeit	☐	☐	☐	☐	☐
Zuverlässigkeit	☐	☐	☐	☐	☐
	☐	☐	☐	☐	☐
	☐	☐	☐	☐	☐
	☐	☐	☐	☐	☐

Erläuterung zur Bewertungsskala

Skalenwert	Bedeutung Der/Die Schüler/in zeigt das Merkmal ...
1	... in sehr geringer Ausprägung.
2	... in geringer Ausprägung.
3	... in mittlerer Ausprägung.
4	... in hoher Ausprägung.
5	... in sehr hoher Ausprägung.

Bemerkungen (z.B. besondere Eigenschaften und Stärken):

Selbstbeurteilungsbogen für Praktikumsphasen

Mit diesem Selbstbeurteilungsbogen schätzen sich die Schülerinnen und Schüler einmal selbst ein. Diese Kompetenzen sind auch für das Bewerbungsanschreiben wichtig, bei den sogenannten Soft Skills und späteren Vorstellungsgesprächen, bei welchen u.a. Stärken und Schwächen abgefragt werden.

Interessant wird diese Selbstbeurteilung nach dem Praktikum, durch den Vergleich mit der Beurteilung der Schüler/innen durch den Betrieb.

Wichtig sind hier auch die Beschreibungen der Kompetenzen, da vielen nicht wirklich die genaue Bedeutung bekannt ist. Praxisbezogene Beispiele für diese Kompetenzen sind für die Jugendlichen sehr hilfreich. Selbst das Projekt Profil AC, das an vielen Schulen absolviert wird, zielt nicht immer auf die Bedeutung der Kompetenzen ab.

So wird in vielen Bewerbungsanschreiben immer wieder die „Teamfähigkeit“ aufgeführt, aber vergessen, diese genauer zu benennen.

Bsp. aus der Praxis:

Negativ: „Ich bin Teamfähig.“

Positiv: „Meine Teamfähigkeit beweise ich mehrmals wöchentlich im Musikverein, durch die Zusammenarbeit mit Freunden bei den Proben.“

Dieses Beispiel ist schon sehr ausführlich. Bewerber/innen sollten aber nicht nur stichwortartig formulieren, vielmehr auf ihre Kompetenzen eingehen und ausführlich beschreiben. Vor allem zählt hier die Qualität, nicht die Quantität.

Die Praktikumsbetriebe sind bestimmt auch an einer Selbsteinschätzung der Praktikant/innen interessiert, was für ein Abschlussgespräch am Ende der Praktikumsphase hilfreich ist, denn die meisten Personaler halten hier kein Blatt vor den Mund und öffnen sehr viele Augen. Die Jugendlichen sollten hier mit etwaiger Kritik umgehen können und diese zum Anlass nutzen, um an möglichen Schwächen zu arbeiten und

aus Fehlern lernen!

Bei kleineren Gruppen empfiehlt es sich, den einen oder anderen Selbstbeurteilungsbogen durchzuschauen und Rücksprache zu halten.

Auch wenn das Thema „Selbstbeurteilung“ noch einige Male in weiteren Vorbereitungs- und Nachbereitungshasen vorkommen wird, ist es immer ein gutes Training sich selbst besser kennenzulernen und einzuschätzen, eben auch für ein späteres Bewerbungsgespräch.

Selbstbeurteilungsbogen für Praktikumsphasen

______________________________ Schüler (Vor- und Zuname)	______________________________ Praktikumsberuf
______________________________ Zeitraum des Praktikums	Im Berufsleben sind vor allem **Soft Skills** wie Kommunikations- und Teamfähigkeit, Charisma, Belastbarkeit und Flexibilität, Entwicklungs- sowie Problemlösungsfähigkeit gefragt. Aber nicht überschätzen, das kommt alles beim Praktikum raus.

Sozialkompetenz	1	2	3	4	5	**Methodenkompetenz**	1	2	3	4	5
Kommunikationsfähigkeit (Kontakt situationsangemessen aufnehmen und aufrecht halten)	☐	☐	☐	☐	☐	Planungsfähigkeit (Vorgaben berücksichtigen, zeitlich und inhaltlich strukturiert arbeiten)	☐	☐	☐	☐	☐
Kritikfähigkeit (konstruktiv Kritik annehmen)	☐	☐	☐	☐	☐	Problemlösefähigkeit (Probleme erkennen und situationsgerecht lösen)	☐	☐	☐	☐	☐
Teamfähigkeit (mit anderen gemeinsam arbeiten)	☐	☐	☐	☐	☐	Präsentationsfähigkeit (anderen Infos verständlich und anschaulich vermitteln)	☐	☐	☐	☐	☐
						Informationstechn. Fähigkeit (PC zur Infobeschaffung und gängige Computeranwendungen einsetzen)	☐	☐	☐	☐	☐

Personale Kompetenz	1	2	3	4	5	**Berufsspezifische Kompetenz**	1	2	3	4	5
Durchhaltevermögen (ausdauernd auf ein Ziel hinarbeiten, auch bei Schwierigkeiten)	☐	☐	☐	☐	☐	Feinmotorische Fähigkeit (Arbeitsmaterial und Werkzeug mit angemessener Kraft und Bewegung einsetzen)	☐	☐	☐	☐	☐
Selbständigkeit (ohne fremde Hilfe eigeninitiativ handeln)	☐	☐	☐	☐	☐	Räuml. Vorstellungsvermögen (räumlich sehen und denken)	☐	☐	☐	☐	☐
Ordentlichkeit (Arbeitsmaterial und Werkzeuge sorgsam und gewissenhaft einsetzen, Ordnung am Arbeitsplatz)	☐	☐	☐	☐	☐	Arbeitsgenauigkeit (Arbeiten möglichst exakt verrichten)	☐	☐	☐	☐	☐
Konzentrationsfähigkeit (ohne Ablenkung, konzentriert an einer Aufgabe arbeiten)	☐	☐	☐	☐	☐	Arbeitstempo (Arbeit möglichst schnell verrichten)	☐	☐	☐	☐	☐

Kulturtechnische Kompetenz	1	2	3	4	5
Umgang mit Schriftsprache (Texte lesen und verstehen, schriftlich verständlich ausdrücken)	☐	☐	☐	☐	☐
Umgang mit Rechenoperationen (mathematische Kenntnisse anwenden, passende Lösungen entwickeln)	☐	☐	☐	☐	☐

Weitere Merkmale	1	2	3	4	5
Pünktlichkeit	☐	☐	☐	☐	☐
Zuverlässigkeit	☐	☐	☐	☐	☐
	☐	☐	☐	☐	☐
	☐	☐	☐	☐	☐
	☐	☐	☐	☐	☐

Erläuterung zur Bewertungsskala

Skalenwert	**Bedeutung** **Der/Die Schüler/in zeigt das Merkmal …**
1	… in sehr geringer Ausprägung.
2	… in geringer Ausprägung.
3	… in mittlerer Ausprägung.
4	… in hoher Ausprägung.
5	… in sehr hoher Ausprägung.

Bemerkungen (z.B. besondere Eigenschaften und Stärken):

Vorbereitung auf mein Praktikum

Erwartungen

Die Schüler/innen dürfen hier sehr gerne offen und ehrlich benennen, was sie von ihrem anstehenden Praktikum, aber auch von den Verantwortlichen und dem Betrieb allgemein erwarten.

Ich kann auch von einem Betriebs- oder Ausbildungsleiter Höflichkeit und Zuvorkommenheit erwarten, ebenso von den Mitarbeiter/innen eine respektvolle Begegnung, was nicht immer selbstverständlich ist.

Vom Arbeitsplatz erwarten die meisten ein ansprechendes Ambiente, in welchem man sich wohl fühlt. Wie diese Wohlfühloase für jeden einzelnen aussieht, ist bekanntlich Geschmacksache.

Der Abschnitt „Vorbereitung auf das Praktikum im Unterricht" soll keine böse Kritik an Sie gerichtet sein, vielmehr ggf. der Anlass für Veränderungen aber auch eine Bestätigung für gelungene Unterrichtseinheiten. Hören Sie Ihren Schülerinnen und Schülern ruhig einmal zu und lassen Sie sich auf deren Kritik ein, schließlich geht es um deren Praktikum, bzw. berufliche Vorbereitung.

Vorbereitung auf mein Praktikum

Erwartungen

Ich erwarte von meinem Praktikum

A) Vom Betriebs-/Ausbildungsleiter

____

____

B) Von den Mitarbeitern

____

____

C) Vom Betrieb / Unternehmen (der Arbeitsplatz)

____

____

D) Welche Erfahrungen und Informationen möchte ich sammeln

____

____

____

Vorbereitung auf das Praktikum im Unterricht

Warst du mit der Vorbereitung auf das Praktikum zufrieden? ☐ ja ☐ nein

Was war besonders hilfreich in der Vorbereitung?

____

____

Was würdest du verändern/verbessern, bzw. dir noch wünschen?

____

____

Verhalten im Praktikum

... ist eines der wichtigsten Elemente in der Vorbereitungsphase auf das Praktikum. Gehen Sie Schritt für Schritt die Punkte mit Ihren Schülerinnen und Schülern durch.

Die Bestätigung der Praktikumsbetriebe, dass sich Ihre Schüler/innen im Praktikum gut benommen haben kommt Ihnen als Verantwortliche/n, sowie Ihrer Schule zugute und fördert eine geschätzte Zusammenarbeit mit Betrieben (Bildungspartnerschaften, Projektarbeiten, Projekten, u.v.m.).

Und ein gutes Benehmen der Praktikant/innen ist ein sehr großer Schritt in Richtung Ausbildung.

Der beste Zeitpunkt für das Training „Verhalten im Praktikum“ ist zwei Wochen vor der Praktikumsphase. So können Sie sicher sein, dass das Erlernte nicht durch einen zu großen Zeitraum wieder verloren geht.

Stehen bei einer Altersstufe mehrere Praktikumsphasen über die Schuljahre hinweg an, ist es empfehlenswert, diese Verhaltensregeln vor den nächsten Praktika aufzufrischen.

Verhalten im Praktikum

Das Praktikum dient dazu, viele wichtige Erfahrungen zu sammeln und ggf. eine kleine „Duftnote“ zu hinterlassen, falls der Betrieb für eine Ausbildung in Frage kommen könnte.

Am besten geht das, wenn du schon mit deinem Verhalten Interesse signalisierst. Und das geht ganz einfach: vor allem Fragen stellen und so Interesse zeigen!

Pünktlichkeit!

Verspätung gibt ganz viele Minuspunkte.

„Du“ oder doch lieber „Sie“?

Du bist auf der sicheren Seite, wenn du erst einmal alle mit „Sie“ ansprichst. Falls dir jemand das „du“ anbietet, dann darfst du das selbstverständlich gerne annehmen.

Bitte, danke, gerne!

Diese Worte kommen immer gut an, auch auf der Baustelle. Natürlich einzeln und nicht alle gleichzeitig.

Lass andere ausreden!

Wenn dir jemand etwas erklärt, dann falle der Person nicht ins Wort. Du willst doch auch nicht unterbrochen werden, wenn du sprichst, oder?

Fragen, fragen, fragen!

Du willst schließlich etwas lernen. Deswegen machst du ein Praktikum. Und deshalb musst du Fragen stellen. Schweigen bedeutet: Das interessiert mich nicht. Nur wer fragt, kommt weiter. Also: Sei neugierig! Aber bombardiere andere nicht mit Fragen ohne Ende, sondern handle auch.

Gibt es Probleme?

Falls du im Praktikum irgendwelche Probleme hast, mit denen du überhaupt nicht klarkommst, dann sprich sie bei deinem Betreuer oder deiner Betreuerin an.

Sei hilfsbereit!

Wenn du hilfsbereit bist, macht das einen guten Eindruck. Schau dich um, wo es etwas zu tun gibt. Wenn du keine Arbeit findest, dann frag nach, was du noch machen kannst. Es ist ziemlich clever, vor allem wenn du dort eine Chance auf einen Ausbildungsplatz hast!

Nimm Kritik an!

Wenn jemand deine Arbeit kritisiert, frag nach, was du das nächste Mal besser machen kannst. Nur so kannst du lernen! Und hinterlässt einen positiven Eindruck.

Bloß keine Lästereien!

In vielen Betrieben wird gerne getratscht. Als Praktikant/in hältst du dich da besser raus. Wenn du als „Klatschtante“ verschrien bist, macht das keinen besonders guten Eindruck.

Privat ist privat!

Privat telefonieren, privat im Internet surfen, ständig private Geschichten von zu Hause erzählen geht auf keinen Fall. Außerdem wirst du dadurch zu sehr von der Arbeit abgelenkt. Dafür ist Zeit nach Feierabend!

Psst – Betriebsgeheimnis!

Wenn du Einblicke in vertrauliche Daten bekommst, darfst du sie nicht weiterverbreiten!

Vertrauliche Dinge bleiben im Betrieb. Betriebsgeheimnisse darfst du zu Hause nicht weitererzählen. Wenn du dir unsicher bist, dann frag nach, ob es vertraulich ist oder nicht.

Das Praktikum – so klappt´s

Du glaubst, nur dein Verhalten während des Praktikums ist wichtig? Nein, auch bei der Vor- und Nachbereitung kannst du auf viele Punkte achten, damit dein Praktikum ein voller Erfolg wird.

Vorher

Infos sammeln

Weißt du, was dein Praktikumsunternehmen genau macht? Welche Ausbildungen angeboten werden? Falls du noch keine Informationen über deinen Praktikumsbetrieb gesammelt hast, solltest du das unbedingt vor Praktikumsbeginn tun.

Fahrstrecke erkunden

Erkundige dich wie du morgens mit öffentlichen Verkehrsmitteln oder dem Fahrrad zu deinem Praktikumsbetrieb kommst und abends wieder heim. Brauchst du eine Fahrkarte? So hast du am ersten Tag keinen Stress. Fahre vorher die Strecke einmal ab.

Ziele setzen

Was möchtest du mit dem Praktikum erreichen? Warum machst du dieses Praktikum? Schreib dir deine Antworten am besten auf. Dann kannst du nachher vergleichen, ob du dein Ziel erreicht hast.

Praktikumsbericht planen

Musst du für die Schule einen Praktikumsbericht schreiben? Dann hilft es dir, wenn du schon vor und während des Praktikums die Fragen für den Bericht im Hinterkopf behältst.

Styling überprüfen

Kleidung, Haare und Fingernägel, das alles muss top sein während des Praktikums! Deine Körperpflege sowieso. Mädels sollten nicht zu viel Make-up oder Parfüm auftragen. Frag am besten vorher nach, ob (sichtbare) Piercings erlaubt sind.

Nachher

Praktikumsbestätigung ausstellen lassen

Lass dir unbedingt eine Praktikumsbestätigung von dem Betrieb geben. Die Bestätigung ist wichtig für deine Bewerbungsunterlagen.

Praktikumsbericht schreiben

Falls du für die Schule einen Praktikumsbericht brauchst, dann schreibe ihn möglichst gleich nach dem Praktikum. So hast du noch alles gut in Erinnerung.

Wie lief´s?

Folgende Fragen solltest du nach dem Praktikum für dich beantworten: Hat mir das Praktikum etwas gebracht? Habe ich was gelernt? Haben mir die meisten Tätigkeiten gefallen? Ist es wirklich mein Wunschberuf? Wenn du alle Fragen mit „Ja" beantworten kannst, war dein Praktikum ein voller Erfolg!

Wenn du Kritik bekommen oder nicht alles verstanden hast, lass den Kopf nicht hängen – als Praktikant oder Praktikantin kann man gar nicht alles wissen. Überprüfe, ob der Beruf trotzdem etwas für dich ist (z.B. über ein zweites Praktikum) oder suche dir einen Alternativberuf = Plan B.

Krankmeldung

Sollte doch der Fall eintreten und du kannst nicht zur Arbeit, meldest du dich bitte morgens vor Arbeitsbeginn bei deinem zuständigen Ausbildungsleiter und danach in der Schule krank.

Versicherung

Während des Praktikums bist du durch die Schule Unfallversichert und über die Eltern Haftpflichtversichert (siehe Sinn eines Praktikums – Rechtliche Rahmenbedingungen).

Gibt es noch offene Fragen oder auch Anregungen?

____

____

____

Die betriebliche Lernaufgabe

... ist durch die Verwaltungsvorschrift in einigen Bundesländern vorgeschrieben und in bestimmtem Maße ein hervorragendes Instrument der Vorbereitungs- und Durchführungsphase des Praktikums.

Die betriebliche Lernaufgabe dient dazu, dass sich die Schüler/innen in der Vorbereitungsphase mit dem Beruf auseinandersetzt. Hier **informieren** sie sich, welche Aufgaben in deren Wunschberuf durchgeführt werden. Typische Aufgaben können mit den Steckbriefen auf www.planet-beruf.de erarbeitet werden:

Menü: Welche Ausbildungen gibt es? => Welche Berufe gibt es? => Berufe A-Z

So können sie auch herausfinden, ob ihnen die Aufgaben des Berufes und somit auch der Beruf gefällt. Wenn nicht, würden sie sich bestimmt nicht für einen Beruf entscheiden, dessen Aufgaben ihnen nicht zusagen.

Aus diesen Aufgaben **entscheiden** sich die Schüler/innen für eine Bestimmte, welche sie intensiver durchführen möchten. Die betriebliche Lernaufgabe wird in der Vorbereitungsphase mit der Lehrkraft besprochen, dokumentiert (**planen**), im Praktikum (nach Absprache mit dem Praktikumsverantwortlichen) **durchgeführt**, **kontrolliert** und nachbereitet, also **bewertet**.

Die betriebliche Lernaufgabe muss keine Mamut-Aufgabe sein. Das kann auch eine kleine, aber eben für den Beruf typische Aufgabe sein.

Dokumentation der betrieblichen Lernaufgabe

1) Kurzbeschreibung der betrieblichen Lernaufgabe
2) Benennung des Ziels der Aufgabe
3) Hilfsmittel / Werkzeuge, die für die Aufgabe benötigt werden
4) Beschreibung der Aufgabe Schritt für Schritt
5) Überprüfung des Ergebnisses. Verbesserungsvorschläge
6) Besprechung des Ergebnisses der Aufgabe mit einem Verantwortlichen

Der Verantwortliche für die Durchführung der betrieblichen Lernaufgabe muss nicht der Praktikums- oder Ausbildungsleiter sein. Das können auch Mitarbeiter und Azubis feststellen.

Die betriebliche Lernaufgabe

(Dokumentation)

Titel/Bezeichnung der Lernaufgabe

Umfang der Lernaufgabe (Zeit, ca.):

Kurzbeschreibung der Lernaufgabe	

Gewünschtes Ergebnis	

Level	☐ leicht	☐ mittel	☐ anspruchsvoll

Notwendige Stärken und Eigenschaften	

Geforderte Fähigkeiten	

Hilfsmittel / Werkzeuge

Rückmeldung des Verantwortlichen für die Lernaufgabe

Kriterien	1	2	3	4	5
Ergebnis	☐	☐	☐	☐	☐
Arbeitsqualität	☐	☐	☐	☐	☐
Arbeitstempo	☐	☐	☐	☐	☐
Durchführung	☐	☐	☐	☐	☐
Geschicklichkeit	☐	☐	☐	☐	☐

Weitere Kriterien	1	2	3	4	5
Sorgfalt	☐	☐	☐	☐	☐
Ordnung	☐	☐	☐	☐	☐
	☐	☐	☐	☐	☐
	☐	☐	☐	☐	☐
	☐	☐	☐	☐	☐

Skalenwert	Bedeutung Der/Die Schüler/in zeigt das Merkmal …
1	… in sehr geringer Ausprägung.
2	… in geringer Ausprägung.
3	… in mittlerer Ausprägung.
4	… in hoher Ausprägung.
5	… in sehr hoher Ausprägung.

Weitere Bemerkungen

Datum, Unterschrift Praktikant

Datum, Name und Unterschrift des Verantwortlichen für die Lernaufgabe

Die nachfolgende Praktikumsmappe

ist so kurz wie möglich gehalten, damit die Praktikant/innen nach einem langen Arbeitstag, mit ungewohnten Arbeitszeiten von bis zu 8 Stunden nicht auch noch umfangreiche Hausaufgaben zu erledigen haben.

Auch im Abschnitt „Eigene Notizen für schriftliche Tagesberichte im Fach Deutsch" sollte mit kurzen Notizen und Stichwörtern gearbeitet werden.

Es empfiehlt sich, die Abschnitte der Praktikumsmappe am Arbeitsplatz mit einer erfahrenen Arbeitskraft während der Praktikumszeit zusammen zu erarbeiten.

Mit der Praktikumsmappe lassen sich nach der Praktikumsphase im Fach Deutsch hervorragend Berichte verfassen. Halten Sie hierzu ggf. Rücksprache mit den Kolleginnen und Kollegen.

Die Praktikumsmappe sollte in der Vorbereitungsphase vorbereitet werden:

M1 bis M3

- ⇨ Praktikumszeitraum
- ⇨ Telefonnummern
- ⇨ Adressen
- ⇨ Ausbildungsbezeichnungen

M6 - Selbsteinschätzungstest / Berufsanforderungstest

1.) Vor dem Praktikum mit einem blauen Stift Kreuze setzen,
2.) Nach dem Praktikum, zum Vergleich, Kreuze mit roter Farbe.

Meine Fähigkeiten = Selbsteinschätzung
Das fordert der Beruf = Informationen über Planet-Beruf.de und während des Praktikums

M7 ist bereits ein Teil der Nachbereitung

Diese Fragen sollten mit der gesamten Klasse erarbeitet werden. Vor allem der Umgang mit negativen Antworten ist lehr- und hilfreich für die zukünftige berufliche Orientierung:

- ⇨ Welche Schlüsse ziehen die Schüler/innen daraus?
- ⇨ Wo müssen sich die Schüler/innen in Zukunft verändern, ggf. verbessern?
- ⇨ Was sind die Gründe, für negative Erfahrungen?
- ⇨ Was bedeutet das für den Wunschberuf / Wunschbetrieb?

Diese Fragen, bzw. Antworten sind vor allem für Gespräche mit Berufsberater/innen der Agentur für Arbeit, o.ä. eine sehr große Hilfe.

Praktikumsmappe

Praktikum, vom ______________ bis ______________

Informationen zum Praktikum und Praktikumsberichtsheft

Das Betriebspraktikum dient neben den unterrichtlichen Inhalten und der begleitenden Berufsberatung durch das Arbeitsamt der beruflichen Orientierung und Erprobung. Die Schülerinnen und Schüler überprüfen ihre Berufswahl, ihren Wunschberuf und die eigenen persönlichen Voraussetzungen. Um eine Nachbereitung und eine kritische Überprüfung des Praktikums zu ermöglichen, sollten die Schüler den Verlauf und die Ergebnisse in einer Dokumentation zusammenfassen.

Im Vorfeld erhalten die Schülerinnen und Schüler einen Fahrplan für das Praktikum und suchen Antworten auf folgende Fragen:

1. Was will ich werden?
2. Wie bekomme ich eine Praktikumsstelle?
3. Bin ich versichert?
4. Brauche ich eine ärztliche Untersuchung?
5. Was will ich erfahren und wissen?
6. Wie muss ich mich während des Praktikums verhalten?
7. Wie führe ich mein Berichtsheft?

Inhalte des Berichtsheftes

Allgemeine Aufgaben:

- ⇨ Pflichten der Schülerinnen und Schüler / Bitte an die Eltern (M1)
- ⇨ Richtlinien zur Erstellung einer Praktikumsmappe (M2)

Persönliche Angaben (M3 und M4):

- ⇨ Praktikumsstelle
- ⇨ Verantwortlicher Betreuer im Betrieb
- ⇨ Dauer des Praktikums
- ⇨ Bezeichnung des Ausbildungsberufs
- ⇨ Informationen zu Ausbildung
- ⇨ Was ich über meinen Praktikumsberuf weiß
- ⇨ Berufliche Anforderungen und wichtige persönliche Voraussetzungen
- ⇨ Weiterbildungs- und Spezialisierungsmöglichkeiten
- ⇨ Genaue Erkundung eines Arbeitsplatzes (M5)
- ⇨ Selbsteinschätzungstest/Berufs-Anforderungstest (M6)
- ⇨ Eigene gesammelte Informationen (Bilder, Prospekte, Berichte)
- ⇨ Rückblick auf das Praktikum/Auswertung (M7)

Berichtsheft **M1**

Pflichten der Schülerinnen und Schüler / Bitte an die Eltern

a) Bei Erkrankung bzw. Unfall-/Haftpflichtschaden sofort Schule und Betrieb benachrichtigen.

Telefon Schule: ______________________

Telefon Betrieb: ______________________

b) Anweisungen der Betreuer beachten.

c) Anweisungen zur Unfallverhütung beachten.

d) Sich um gute Mitarbeit bemühen (aktiv sein, nachfragen).

e) Ein höfliches und anständiges Benehmen (grüßen, bitte und danke sagen, hilfsbereit und zuvorkommend sein).

f) Zuverlässig sein im Betrieb (pünktlich erscheinen, angemessene Arbeitskleidung).

g) Mitnahme von Dingen aus dem Betrieb nur mit Erlaubnis des betrieblichen Betreuers.

h) Verschwiegenheitspflicht: Informationen aus dem Betrieb werden nicht nach außen getragen.

Berichtsheft

M2

Richtlinien zur Erstellung einer Praktikumsmappe

⇨ Schnellhefter mit Deckblatt und Inhaltsverzeichnis in Klarsichthülle.

⇨ Die zweite Seite nach den Hinweisen enthält deine persönlichen Daten (Name, Adresse, Telefonnummer, Geburtsdatum) sowie deine persönlichen Vorstellungen und Erwartungen vom Praktikum (=> Diese Seite solltest du noch vor dem Praktikum fertig haben!).

⇨ Die dritte Seite (können auch mehrere Seiten sein) enthält deine gesammelten Informationen zum Betrieb (z.B. Branche, Alter des Betriebs, Anzahl der Beschäftigten, Auszubildende, verschiedene Berufsbilder, Abteilungen, verschiedene Produkte, Kunden, Lieferanten, Verkehrslage, Fertigungsverfahren, Fotos, Bilder, Broschüren, usw.).

⇨ Als vierte Seite kommt der erste Teil des Fragenkatalogs (Fragen 1-5).

⇨ Danach kommen die Tagesberichte über deine ausgeführten Tätigkeiten an bestimmten Arbeitsorten (Umfang pro Tag ca. eine halbe Seite; schildere deine persönlichen Eindrücke).

⇨ Dann kommt der zweite Teil des Fragenkatalogs (Fragen 7-9).

⇨ Anschließend kommen die beiden Blätter zum Thema „Ein Arbeitsplatz, den ich erkundet habe".

⇨ Darauf folgen die beiden Blätter des Selbsteinschätzungstests (die linke Seite sollst du noch vor Beginn des Praktikums mit blauer Farbe ausfüllen, die rechte Seite mit roter Farbe nach dem Praktikum).

⇨ Zum Abschluss der Praktikumsmappe folgt die Gesamtbewertung des Betriebspraktikums. Hier möchte ich wissen:

- ✓ Was hat dir an deinem Praktikum gut gefallen?
- ✓ Was hat dir an deinem Praktikum weniger gut gefallen?
- ✓ Wurden deine Erwartungen erfüllt?
- ✓ Hat dir das Praktikum bei deiner Berufswahl geholfen? Wenn nicht, weshalb?

Berichtsheft

M3

Fragenkatalog - Teil 1

1. Praktikumsstelle (Name, Anschrift und Telefon des Betriebs):

___

___

___

2. Mein verantwortlicher Betreuer im Betrieb (Name, betriebliche Stellung):

___

___

3. Dauer des Praktikums: vom ______________ bis ______________
Tägliche Arbeitszeit:

Tag	Arbeitsbeginn	Arbeitsende
Montag		
Dienstag		
Mittwoch		
Donnerstag		
Freitag		
Samstag		

4. Bezeichnung des Ausbildungsberufs, in dem ich tätig war:

___

5. Informationen zur Ausbildung:

   a) Ausbildungsinhalte (Fertigkeiten, Tätigkeiten, ...)

   ___

   ___

   b) Form der Berufsschule (Wie? Wo?), für Azubis des Betriebs

   ___

   ___

6. Tagesberichte

Berichtsheft

M4

Fragenkatalog - Teil 2

7. Was ich über meinen Praktikumsberuf weiß:
   a) Werkzeuge / Maschinen

   ____

   ____

   ____

   ____

   ____

   b) Materialien / Betriebsmittel

   ____

   ____

   ____

   ____

   ____

8. Berufliche Anforderungen und wichtige persönliche Voraussetzungen:

   ____

   ____

   ____

   ____

9. Weiterbildungs- und Spezialisierungsmöglichkeiten:

   ____

   ____

   ____

   ____

Berichtsheft

M5a

Genaue Erkundung eines Arbeitsplatzes

Beruf: ______________________________

1.) **Beobachtete Tätigkeiten:** ______________________________

2.) Wie werden die Arbeiten verrichtet?

	Ja	Nein
Ständig alleine		
mit anderen zusammen		
Gespräche mit anderen sind möglich		
Arbeit nach Plänen und Anweisungen		
hohes Maß an Selbstständigkeit		
Vorwiegend gleiche Handgriffe		

3.) Der Arbeitsplatz stellt folgende körperliche Anforderungen

Erforderliche Körperkraft: ☐ viel ☐ mittel ☐ wenig

Handgeschick: ☐ viel ☐ mittel ☐ wenig

Vorwiegende Arbeitshaltung: ☐ sitzend ☐ stehend ☐ liegend ☐ gebückt ☐ kniend

beanspruchte Sinnesorgane:	Ja	Nein
gute Augen		
gutes Gehör		
gutes Riechen		
guter Geschmacksinn		
guter Tastsinn		

4.) Der Arbeitsplatz stellt folgende geistige Anforderungen

Sachverhalte schnell erfassen, mitdenken können	☐ viel	☐ mittel	☐ wenig
sich sprachlich ausdrücken/formulieren können	☐ viel	☐ mittel	☐ wenig
gut rechnen können	☐ viel	☐ mittel	☐ wenig
zeichnen können, räumliche Vorstellung	☐ viel	☐ mittel	☐ wenig
genau beobachten, sich konzentrieren können	☐ viel	☐ mittel	☐ wenig
Ideen entwickeln und gestalten können	☐ viel	☐ mittel	☐ wenig

5.) Der Arbeitsplatz stellt folgende soziale Anforderungen

Pünktlichkeit, Ausdauer und Geduld	☐ viel	☐ mittel	☐ wenig
gute Umgangsformen, sicheres Auftreten	☐ viel	☐ mittel	☐ wenig
jemandem zuhören können	☐ viel	☐ mittel	☐ wenig
andere überzeugen können	☐ viel	☐ mittel	☐ wenig
Rücksicht auf andere nehmen, Kontaktfreudigkeit	☐ viel	☐ mittel	☐ wenig

eigene beobachtete soziale Anforderungen:

______________________________	☐ viel	☐ mittel	☐ wenig

6.) Material / Betriebsmittel

____

____

7.) Maschinen, Werkzeuge und Hilfsmittel

____

____

8.) Besondere Bedingungen am Arbeitsplatz

Temperatur	☐ kalt	☐ erträglich	☐ heiß
Luft	☐ trocken	☐ erträglich	☐ feucht
Licht	☐ grell	☐ erträglich	☐ düster
Lärm	☐ laut	☐ erträglich	☐ ruhig
Schmutz	☐ wenig	☐ erträglich	☐ viel
Gerüche	☐ stark	☐ erträglich	☐ kaum

9.) Gefahren am Arbeitsplatz:

____

____

Berichtsheft

M6

Selbsteinschätzungstest / Berufsanforderungstest

1.) Vor dem Praktikum solltest du mit einem blauen Stift deine Kreuze setzen.
2.) Nach dem Praktikum setzt du, zum Vergleich, deine Kreuze mit roter Farbe.

meine Fähigkeiten				**das fordert der Beruf**		
hoch	mittel	kaum		hoch	mittel	kaum
			Reaktionsfähigkeit			
			Beobachtungsvermögen			
			Sinn für Genauigkeit und Sorgfalt			
			Rechtschreibsicherheit			
			Schriftlicher Ausdruck			
			Rechenfähigkeit			
			Zeichnerische Fähigkeit			
			Logisches Denken			
			Gedächtnis, Merkfähigkeit			
			Konzentrationsfähigkeit			
			Sinn für Formen und Farben			
			Gestalterische Fähigkeiten			
			Räumliches Vorstellungsvermögen			
			Sprachliche Gewandtheit			
			Technisches Verständnis			
			Ideenreichtum			
			Körperliche Belastbarkeit			
			Schwindelfreiheit			
			Gutes Hörvermögen			
			Arbeit im Freien			
			Handwerkliches Geschick			
			Hand- und Fingergeschicklichkeit			
			Verantwortungsbereitschaft			
			Kontaktsicherheit			
			Selbstständigkeit			
			Sicheres Auftreten			
			Gute Umgangsformen			
			Teamfähigkeit			
			Interesse und Mitgefühl für Menschen			
			Überzeugen können			
			Zuhören können			

Berichtsheft

M7

Rückblick auf das Praktikum / Auswertung

1.) Was hat dir an deinem Praktikum gefallen?

____

____

2.) Was hat dir an deinem Praktikum nicht gefallen?

____

____

3.) Konntest du ausreichende berufliche Erfahrungen sammeln?

____

____

4.) Welche Verbesserungsmöglichkeiten siehst du?

____

____

5.) Hast du dir dein Praktikum anders vorgestellt? Was hat sich geändert?

____

____

6.) Inwiefern hast du dir dein Praktikum anders vorgestellt?

____

____

7.) Worin unterscheiden sich Schule und Beruf besonders?

____

____

8.) Welche Fragen bezüglich deiner Berufswahl sind trotz des Praktikums noch offen?

____

____

9.) Welche Fragen und Probleme hinsichtlich deiner Berufswahl möchtest du nun mit deinem Berufsberater besprechen?

____

____

Eigene Notizen für schriftliche Tagesberichte im Fach Deutsch

Montag, (Datum)

Dienstag, (Datum)

Mittwoch, (Datum)

Donnerstag, (Datum)

Freitag, (Datum)

Samstag, (Datum)

Die nachfolgende **Gesprächsnotiz: Praktikumsbesuch**

ist für die betreuenden Lehrkräfte als Anhaltspunkt für die Gespräche mit den Verantwortlichen im Praktikumsbetrieb.

Die Gesprächsnotiz ist ebenfalls für die weiterführende berufsorientierende Beratung ein optimales Werkzeug.

Gesprächsnotiz: Praktikumsbesuch

Praktikant/in

____________________ __________ ____________
Schüler/in Klasse Datum

____________________ __________________
zu erkundender Beruf wurde besucht von (Lehrkraft)

Praktikumsbetrieb

____________________ __________________
Betrieb / Institution Praktikumszeitraum

____________________ __________________
Ansprechpartner/in Anschrift (evtl.)

Persönlicher Besuch ☐ telefonisch ☐

Anforderungen des Betriebes an Azubis / Praktikanten:

____

____

Eignung des Schülers für den Beruf

☐ ja / ☐ nein, weil ____________________

Ausbildungssituation im Betrieb

Bildet der Betrieb aus? ☐ ja / ☐ nein, da ____________________

Hat der Betrieb Interesse an dem Schüler als Azubi?

☐ ja ... weitere Vorgehensweise (Bewerbungsfristen, etc.) ____________________

☐ nein, auf Grund ____________

Bemerkungen zum Betrieb - der Betrieb eignet sich für Praktika

sgt ☐ mittelmäßig ☐ eher nicht ☐, weil ____________________

Weitere Bemerkungen:

____

____

____
Betreuende Lehrkraft

Mein Tagesablauf

... zeigt grafisch den Tagesablauf eines typischen Arbeitstages auf.

Die Ergebnisse der Schüler/innen können mit den Tagesabläufen der Seite

planet-beruf.de => Mein Beruf => Tagesabläufe

verglichen werden.

Für einen Kurzbericht ist die Praktikumsmappe hervorragend als Vorlage geeignet.

Mit dieser Übersicht rufen sich die Schüler/innen nochmals einen bestimmten Arbeitstag in Erinnerung.

Mein Tagesablauf

In der 24-Stunden-Uhr sollst du durch Farben deutlich machen, wie ein Tag in deinem Wunschberuf/ einem Beruf/der Schule abläuft.
(Link: Fußzeile)

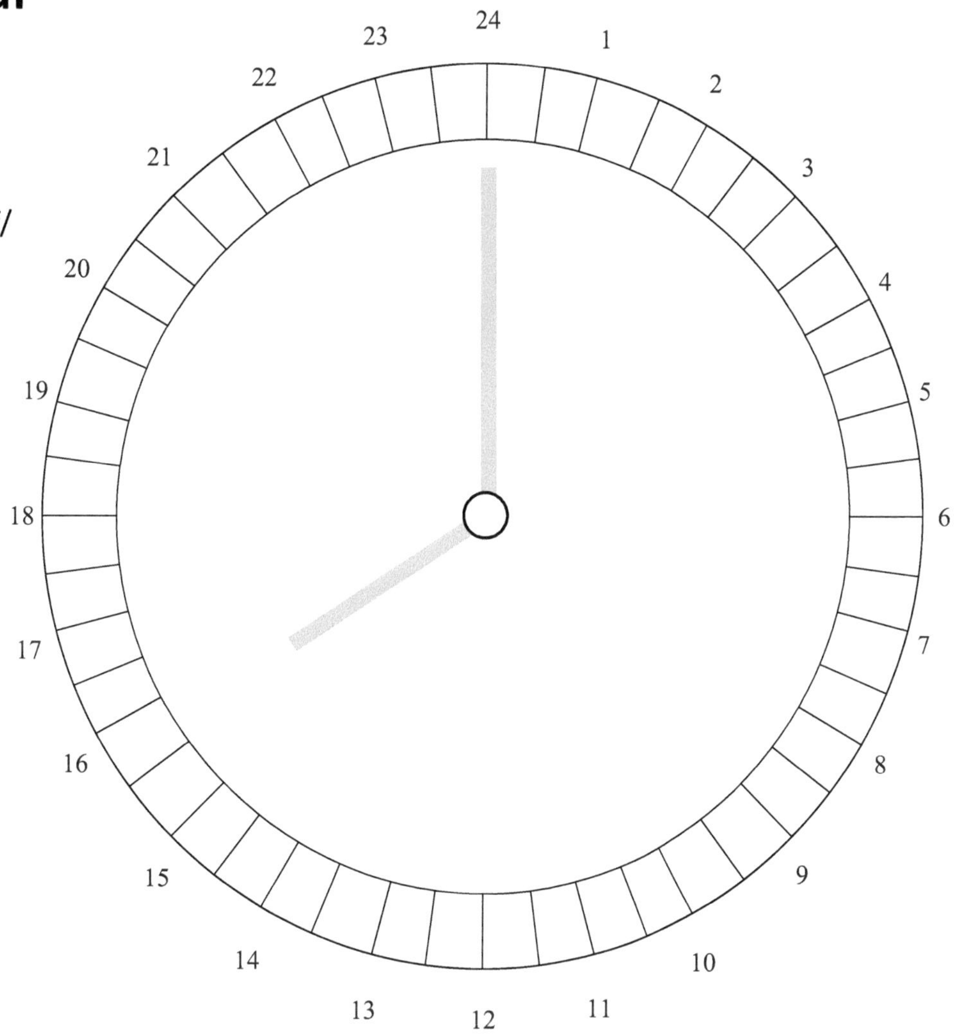

24 1 2 3 4 5 6 7 8 9 10 11 12 13 14 15 16 17 18 19 20 21 22 23

Male die Felder aus:
Schlaf: *blau*
Frühstück: *gelb*
Arbeit: *rot*
Mittagessen: *gelb*
Arbeit: *rot*
Abendessen: *gelb*
Freizeit: *grün*

Kurzbericht über deinen Tag (in Stichworten):

Diese Arbeiten habe ich heute durchgeführt:	Zeitraum:

Tagesabläufe: www.planet-beruf.de => Mein Beruf => Tagesabläufe

Schule und Praktikum im Vergleich

Für einen optimalen Vergleich zwischen Schul- und Arbeitstag eignet sich nur ein Schultag mit Mittagsunterricht.

Hier wird den Schüler/innen oftmals klar, was für sie in Zukunft am geeignetsten ist, die Ausbildung

a) an einer weiterführenden Schule oder
b) im Betrieb.

Ein schöner Nebeneffekt ist ebenfalls häufig die Erkenntnis, dass das Leben an der Schule doch gar nicht so schlecht ist.

Schule und Praktikum im Vergleich

In der Zeit deines Praktikums verläuft dein Leben anders als in der Schulzeit. Nicht allein die Dinge, die du zu erledigen hast, unterscheiden sich. Du bist auch mit ganz anderen Menschen zusammen. Du gehst mit ihnen anders um, als du es von der Schule her gewohnt bist. Mache dir einmal bewusst, wie sich der Praktikumstag von einem Schultag (Vor- und Nachmittagsunterricht) unterscheidet.

Schule ⟺ Betrieb

Vergleich des Wochentages: ________________________

(wähle am besten einen Schultag mit Nachmittagsunterricht aus)

Wenn heute Schule gewesen wäre ...	**So war es heute im Praktikum:**
... hättest du um _____ Uhr aufstehen müssen. ... hätte die Schule um _____ Uhr begonnen. ... hättest du bis _____ Uhr Unterricht gehabt. ... hättest du insgesamt _____ Stunden in der Schule verbracht. ... hättest du _____ Minuten Pause gehabt.	• Du bist um _____ Uhr aufgestanden. • Um _____ Uhr musstest du im Betrieb sein. • Dein Arbeitstag endete um _____ Uhr. • Du musstest insgesamt _____ Stunden im Betrieb verbringen. • Du hast insgesamt _____ Minuten Pause gehabt.
Diese Fächer und Lehrer hättest du heute gehabt: 1. Stunde ______________ ______________ 2. Stunde ______________ ______________ 3. Stunde ______________ ______________ 4. Stunde ______________ ______________ 5. Stunde ______________ ______________ 6. Stunde ______________ ______________ nachmittags ______________ ______________	Das hast du heute im Betrieb gemacht: ________________________________ ________________________________ ________________________________ ________________________________ ________________________________ ________________________________ ________________________________ ________________________________
... wärst du mit _____ Schülern zusammen gewesen. Deine Klassenkameraden haben ungefähr das gleiche Alter wie du. Du fühlst dich in der Schule wohler als im Betrieb. ☐ stimmt ☐ stimmt nicht Du vermisst die Freizeit, die du normalerweise hast. ☐ stimmt ☐ stimmt nicht	Im Betrieb hattest du mit _____ Mitarbeitern Kontakt. Im Betrieb gibt es _____ Mitarbeiter (z.B. Lehrlinge), die etwa so alt sind wie du (ca. 15-20 Jahre.) Du fühlst dich im Betrieb wohler als in der Schule. ☐ stimmt ☐ stimmt nicht Du hast immer noch genügend Freizeit. ☐ stimmt ☐ stimmt nicht

Persönliche Erfahrungen und Eindrücke aus dem Praktikum

Wichtig ist bei diesem AB, dass die Schüler/innen nicht einfach nur behaupten, dass alles optimal war, wodurch sie weniger Arbeit mit dem Dokument hätten. Sie sollen offen und ehrlich antworten.

Mit dem Ergebnis lässt sich eine nächste Praktikumsphase oder die Vorbereitung auf die duale Ausbildung planen.

Zum einen durch die Erkenntnis, dass in einem Beruf nicht alles nur Sonnenschein ist, sondern auch Arbeit bedeutet, die nicht immer gerne gemacht wird

und

zum anderen, die Bestätigung, dass der Beruf und/oder Betrieb für ein späteres Praktikum oder sogar eine duale Ausbildung geeignet sind oder eben nicht, wodurch nach einem anderen Beruf und/oder Betrieb gesucht werden müsste.

Auch für Ihre Arbeit sind die persönlichen Erfahrungen und Eindrücke interessant. So könnten Sie ein Stimmungsbild aus der Praktikumsphase erstellen:

⇨ Wie viele Schüler/innen waren mit ihrem Praktikum
   a) zufrieden
   b) nicht zufrieden

⇨ Für wie viele Schüler/innen war die Arbeit
   a) interessant
   b) uninteressant

⇨ ...

Für die Berater/in der Agentur für Arbeit ist auch dieses Formular eine hervorragende Vorbereitung auf persönliche Einzelgespräch mit den Jugendlichen.

Eine Rückmeldung über das Ergebnis der Praktikumsphase an die Schulleitung und ggf. Klassenlehrkräfte lässt sich hiermit ebenfalls optimal gestalten. Z.B. mit dem anhängenden Dokument, als Umfrage mit der gesamten Klasse

Umfrage zum Betriebspraktikum

Wichtig bei dieser Umfrage ist es, die Begriffe „Beruf – Ausbildung – Betrieb – Praktikum“ zu unterscheiden.

Persönliche Erfahrungen und Eindrücke aus dem Praktikum

1.) Hat dir das Praktikum gefallen? ☐ ja ☐ nein ☐ teilweise

Was hat dir besonders gut gefallen?

Was gefiel dir nicht?

2.) Hattest du dir das Praktikum so vorgestellt? ☐ ja ☐ nein ☐ teilweise

Was hast du dir anders vorgestellt?

3.) War die Arbeit für dich interessant? ☐ ja ☐ nein ☐ teilweise

Was war interessant?

Was war uninteressant?

4.) War die Arbeit anstrengend? ☐ ja ☐ nein ☐ teilweise

Was genau war anstrengend:

5.) Hattest du genug Pausen? ☐ ja ☐ nein ☐ teilweise

Nein? Wie lange waren die Pausen insgesamt?

6.) Hat das Praktikum Einfluss auf deinen Berufswunsch? ☐ ja ☐ nein ☐ teilweise

7.) Wenn du jetzt entscheiden müsstest, welchen Beruf würdest du dann wählen?

____

8.) Würdest du später einmal in diesem Betrieb arbeiten wollen? ☐ ja ☐ nein ☐ vielleicht

9.) Was sollte man deiner Meinung nach am Praktikum ändern?

☐ längeres Praktikum

☐ kürzeres Praktikum

☐ Jahrespraktikum (in der Schulzeit ein- bis zweimal wöchentlich)

☐ mehr Lehrerbesuche

____

____

____

____

10.) Wie war der Praktikumsbetrieb deiner Meinung nach vorbereitet ☐ gut ☐ schlecht

Inwiefern war der Betrieb nicht gut vorbereitet?

____

____

____

11.) Was hättest du dir von deinem Praktikumsbetrieb gewünscht?

____

____

____

12.) Was erwartest du von deinem nächsten Praktikum?

____

____

____

____

Umfrage zum Betriebspraktikum

____
Datum und Klasse

a) Wie viele können sich vorstellen **in diesem Beruf** eine Ausbildung zu machen?

ja		(Anzahl)
nein		(Anzahl)
vielleicht		(Anzahl)

b) Wie viele können sich vorstellen **in diesem Betrieb** eine Ausbildung zu machen?

ja		(Anzahl)
nein		(Anzahl)
vielleicht		(Anzahl)

c) Wie viele können sich vorstellen **in diesem Beruf ein weiteres Praktikum** zu machen?

ja		(Anzahl)
nein		(Anzahl)
vielleicht		(Anzahl)

d) Wie viele können sich vorstellen **in diesem Betrieb ein weiteres Praktikum** zu machen?

ja		(Anzahl)
nein		(Anzahl)
vielleicht		(Anzahl)

Wenn nein, weshalb?

Wenn nicht in diesem Beruf, was dann? … **PLAN B**

e) Wie viele waren zufrieden mit …?

dem Beruf		(Anzahl)
dem Betrieb		(Anzahl)
dem Praktikum		(Anzahl)

f) Was würdest du im nächsten Praktikum …

a. anders machen?

b. gleich machen?

Das Workbook BO

Berufliche Orientierung

Frank Mühlbauer
Paperback, 64 Seiten

ISBN-13: 9783757808181
Verlag: Books on Demand

Mit dem Workbook BO arbeiten bedeutet sich in verschiedenen Arbeitsschritten, unterstützt mit zahlreichen Onlinetipps, über die vielfältigen Möglichkeiten der Ausbildung, ob betrieblich oder schulisch, zu informieren, richtige Entscheidungen zu treffen und sich korrekt zu bewerben.

- Bildungswege und Ausbildungsmöglichkeiten (Duale, schulische Ausbildung, Studium, FSJ, FÖJ, BFD);
- Informationen (den richtigen Ausbildungsberuf und Arbeitgeber finden);
- Entscheidung (Treffe die richtige Wahl);
- Bewerbung, E-Mail- und Online-Bewerbung (Die richtige Eigenwerbung gestalten);
- Bewerbungs-/Vorstellungsgespräch (So klappt´s mit dem Vorstellungsgespräch);
- Infos zum Einstellungstest.

Berufsfindung, Berufswahl, Arbeitgebersuche und -Wahl, sowie alles zur optimalen Bewerbung zugeschnitten auf Schülerinnen und Schüler (praxisorientiert und praxiserprobt), gibt es in meinem Workbook BO im BoD-Verlag.

Weitere Infos zum Workbook BO unter:

https://www.kreativwerkstattmuehlbauer.de/berufliche-orientierung